Schirner
Verlag

Sandra Waldermann-Scherhak

Hand auf dein Herz

12 Übungen, mit denen du die Weisheit deines Herzens findest

Schirner
Verlag

Dieser Titel ist auch als E-Book erhältlich.

ISBN 978-3-8434-5088-1

Sandra Waldermann-Scherhak:
Hand auf dein Herz
12 Übungen, mit denen du die
Weisheit deines Herzens findest
© 2014 Schirner Verlag, Darmstadt

Umschlag: Silja Bernspitz, Schirner,
unter Verwendung von Bildern von
www.fotolia.com (siehe Bildnachweis)
Satz: Simone Leikauf, Schirner
Redaktion: Sarah Neumann, Schirner
Printed by: ren medien, Filderstadt,
Germany

www.schirner.com

2. Auflage August 2014

Inhalt

Vorwort

Kein anderes Organ des Menschen spiegelt in unserer Sprache die enge Verbindung zwischen Körper, Geist und Seele so stark wider wie das Herz. Menschen, die wir lieben, »schließen wir ins Herz«. Wir »verschenken unser Herz«, wir »drücken jemanden an unser Herz«, wir sind »von ganzem Herzen dankbar« oder jemandem »von Herzen zugetan«. »Herzen finden zueinander«. »Herzenswünsche« sind uns ein besonderes Anliegen. Mit dem Ausspruch »Hand aufs Herz« appellieren wir an unbedingte Aufrichtigkeit und Wahrhaftigkeit. Wir »beherzigen«, was uns jemand rät. Wer mutig sein will, »nimmt sein Herz in die Hand«. Bei Angst »rutscht uns das Herz in die Hose«. Bei großer Erleichterung »fällt uns ein Stein vom Herzen«. Gefühllose, rücksichtslose Menschen haben »ein kaltes Herz« oder gar ein »Herz aus Stein«. Menschen, die keine Gefühle zeigen, erach-

ten wir als »herzlos«, oder wir sagen zu ihnen, dass sie »kein Herz haben«. Wenn wir etwas Schönes erleben, wird uns »warm ums Herz«. Wenn wir jemanden mögen oder gern haben, dann »öffnen wir das Herz« für den anderen. Wenn wir uns gut fühlen, »weitet sich das Herz«. Bei Verzweiflung, Hass und Angst wird »das Herz eng«. Alle Emotionen, egal, ob sie positiv oder negativ sind, können wir körperlich spüren. Wir »verschließen unser Herz«, wenn wir Enttäuschung erfahren haben.

Negative Gefühle wie Angst, Hilflosigkeit, Ungerechtigkeit, Zweifel, Wut und Schmerz erzeugen anhaltenden Kummer und Leid in uns, was zur Folge hat, dass wir uns schützen wollen und »hartherzig« werden. Unsere Gefühle werden eingefroren, oder wir errichten eine Schutzmauer und lassen niemanden mehr an uns heran. Auch in unserer modernen Leistungsgesellschaft, in der

Erfolg und Disziplin gefragt sind, haben Herz und Gefühle keinen wirklichen Platz mehr. Menschen glauben, dass sie angreifbar, verletzbar und schwach wirken, wenn sie ihre wahren Gefühle zeigen. Doch das ist ein Trugschluss! Nur wer in Anbindung an sein Herz seine wahren Gefühlen lebt, entwickelt wahre Stärke, die ihn zu mehr Selbstbewusstsein und Selbstvertrauen befähigt.

Möge dieses Buch ein wichtiger »HERZÖFFNER« für dich und andere sein …

Einleitung

Wer lange gekränkt wird bzw. es zulässt, dass er gekränkt wird, wird irgendwann krank. Um Erkrankungen des Herzens zu heilen, darf nicht nur der Körper behandelt werden, sondern auch die Gefühle, die aus unserem Herzen heraus entstehen, dürfen geheilt werden. Der wichtigste Schritt, um Herzheilung zu erfahren, ist, alle Gefühle wahrzunehmen und diese zuzulassen. Dazu gehört, sich selbst und anderen aufmerksam und achtsam zu begegnen, um alte Wunden des Herzens zu erkennen und diese dann bewusst zu heilen. Je mehr Herzblockaden wir abbauen, desto intensiver, freier und herzlicher können wir mit anderen umgehen. Wir gewinnen viel Kraft, Freude und Lebensenergie, wenn wir lernen, unser Herz und die Qualitäten unseres Herzens zu stärken. Herzqualitäten können sein: Achtsamkeit, Akzeptanz, Dankbarkeit, Empathie,

Freiheit, Geborgenheit, Zuversicht, Vertrauen in uns selbst, in andere oder in eine höhere göttliche Macht. Alle Herzqualitäten sind im wahren Kern unseres Seins schon längst vorhanden. Alles, was wir tun müssen, ist, sie in uns zu entdecken, zu erwecken und weiterzuentwickeln.

Übernimm die volle Verantwortung für deine Herzgefühle. Stelle dir vor, dass du dein Herz wie ein Musikinstrument stimmen kannst, und übe dich täglich darin, es zu spielen. Es ist der beste Weg, die Melodie deines Herzens wahrzunehmen und sie in die Welt zu tragen, damit auch andere deine Einzigartigkeit und die Wärme deines Herzens wahrnehmen können. Wir alle befinden uns in der Zeit des Erwachens – und jeder von uns hat die Möglichkeit, zu entscheiden, wie er sich unsere zukünftige Welt vorstellt. Sobald du dein Herz für dich und andere öffnest, kann sich ein ganz anderes und neues Zusammenleben entwickeln.

Mögen die Menschen erwachen und sich jetzt aktiv daran beteiligen, unsere Erde zu einem besseren und friedvolleren Ort zu machen.

Aus dem *Herzen* zu leben, ist die wahrhaftig erfüllende Daseinsweise des neuen Zeitalters.

Wir befinden uns in einem neuen Zeitalter, die Erde hat eine neue Schwingung erfahren, und der Mensch erhält Zugang zu neuen Energieebenen. Die meisten Menschen spüren diesen Wandel sehr deutlich, haben zugleich jedoch auch Schwierigkeiten, mit dieser neuen Qualität umzugehen und diese jetzt in ihr Leben zu integrieren. Der Weg zur Erkenntnis geht jedoch immer nur über die Bereitschaft zur eigenen inneren Wahrheit. Wer sein Selbstbewusstsein und sein Selbstvertrauen stärken will, darf jetzt beginnen, ehrlich sich selbst gegenüber zu sein. Denn nur, wer ehrlich zu sich selbst ist, kann es auch anderen gegenüber sein. Wenn du deine innere Wahrheit erkennen und sie nach außen leben kannst, also dir selbst und anderen gegenüber aussprechen kannst, bist du authentisch und wahrhaftig – und genau dieser Zustand macht dich energetisch stark, aufrichtig, kraftvoll und frei. Diese Veränderung nützt nicht nur dir selbst, indem sie dich in Einklang mit dir selbst bringt, sondern sie nützt auch deinen Mitmenschen, weil du dein Herz für die Bedürfnisse und Belange anderer öffnest und somit ein neues Gefühl von Einheit, Gemeinschaft und Verbundenheit entsteht.

»Ich schaue in mein *Herz* und werde die *Wahrheit* in mir selbst finden.«

»Ich möchte die Wahrheit
meines Herzens und das
göttliche

Licht meiner Seele

jetzt in die Welt tragen!«

Die Zeit ist gekommen, um die

»Wahrheit deines Herzens«

zu entdecken.

Warum löst die Aufforderung »*Hand aufs Herz*« solch ein starkes Gefühl in uns aus? Weil sie in uns den Wunsch nach Wahrheit weckt! Wir fühlen uns aufgerufen, die *Wahrheit in uns selbst zu finden und diese auszusprechen!*

Die Redewendung »*Hand aufs Herz*« hat ihren Ursprung in einer mittelalterlichen Schwur- und Eid-Geste. Wenn ein Mensch in früheren Zeiten einen Eid oder Schwur leistete, legte er dabei die rechte Hand auf die linke Brustseite. Das tat er, um eine Verbindung zwischen seinen Worten und seinem Herzen zu schaffen und anderen zu zeigen, dass das, was er schwor, der absoluten Wahrheit entsprach. Diese Geste verdeutlichte, dass es darum ging, das gesprochene Wort durch die *Wahrheit des Herzens* zu untermauern. Indem man die Hand auf sein Herz legt, signalisiert man, dass die Worte von Herzen kommen und absolut ehrlich gemeint sind. Ähnlich verhält es sich, wenn man sich die Hand auf etwas gibt: Mit dieser Geste werden die Gültigkeit und der Bestand einer Vereinbarung besiegelt, der beide Seiten dann vertrauen können.

Das HERZ wurde schon immer als der Ort angesehen, an dem die WAHREN GEFÜHLE liegen. So lässt sich oft beobachten, dass Menschen ihre Hand auf die Herzregion legen, wenn sie von etwas sehr BERÜHRT sind.

»Ich bin jetzt bereit, meine *Wahrheit* in Liebe auszusprechen!«

Manchmal ist es nicht hilfreich, wenn wir über Fragen des Lebens zu viel nachdenken. Unser Verstand bringt uns dabei auch oft vom richtigen Weg ab. Auf das Herz oder das Bauchgefühl zu hören, ist dagegen eine gute Entscheidung, da es uns stets richtig leitet! Lege immer wieder die Hand auf dein Herz, halte inne, und lasse aus dem Moment der Ruhe und Stille die Antwort aus deinem Herzen aufsteigen. Die Antwort auf Fragen und Probleme unseres Lebens sind alle in uns – wir müssen nur einen Weg finden, in uns hineinzuhören. Wenn du mit diesem Buch arbeitest, dann lege wirklich bei jeder Übung die Hand auf dein Herz! Mache dir bewusst, dass Antworten, die du dir ohne deine Hand auf dem Herzen gibst, tatsächlich anders ausfallen können. Immer, wenn du die Hand auf dein Herz legst, gehst du in direkte Kommunikation mit deinem Herzen. Mache dir diesen positiven, energetischen Effekt zunutze. Mit der Hand auf dem Herzen antwortest du nicht aus dem Verstand heraus, und du brauchst auch über die Frage nicht weiter nachzudenken, sondern du empfängst die Antwort direkt aus der Weisheit deines Herzens.

»Mit der Hand auf meinem *Herzen* kann ich die reine Wahrheit fühlen.«

Das Herz ist das wichtigste Organ unseres Körpers. Unser spirituelles Herz dagegen ist das tiefste und heiligste Energiezentrum, welches unserem Emotional- und Energiekörper innewohnt. Es ist immer das spirituelle Herz in uns, das sich nach der Energie der Schöpfung sehnt: nämlich nach Verbundenheit, Wachstum und der bedingungslosen Liebe. Es ist wunderbar, wenn du dieses Buch als Bitte auffasst, wirklich ehrlich zu dir selbst zu sein, und die Bereitschaft entwickelst, deine innere Wahrheit zu erkennen. Es geht darum, dass du dir ein Bewusstsein für die in dir verborgene Wahrheit schaffst und sie ans Licht holst. Dadurch werden Halbwahrheiten oder gar Selbsttäuschungen, die dich möglicherweise blockieren, endlich in Liebe aufgelöst.

Finde die *Weisheit* deines *Herzens,* und entfalte sie auf allen *Ebenen* deines Seins.

Wenn wir uns
mit der *göttlichen Liebe*
in uns verbinden, stellt sich
ein ganz neues Gefühl ein –
das *Eins-Sein* mit allem,
was uns umgibt.

Der Weg zur Vollkommenheit geht über das *eigene Herz.*

Solange wir getrennt von der göttlichen Liebe leben, solange bleiben wir auch im Herzen von allem, was um uns herum existiert, getrennt. Daher ist es so wichtig, sich selbst als bedeutsamen Teil der göttlichen Schöpfung anzuerkennen. In einem geheilten Herzen ist die reine Liebe spürbar, und dort können wir alle Antworten auf jede unserer Fragen und Entscheidungen finden – unbeeinflusst und losgelöst von unserem Ego, denn im Herzen findet keine Trennung und keine Begrenzung statt. Wir spüren, dass wir mit allem verbunden sind, mit anderen Menschen, den Tieren, den Pflanzen, den Steinen, unserem Haus oder unserer Wohnung – einfach allem, was auf der Welt existiert. Wenn wir die Illusion der Trennung in uns aufgeben, haben wir verstanden, dass alles, was mit anderen zu tun hat, auch mit uns selbst zu tun haben muss, sonst wäre es nicht in unserer Welt und wir kämen nicht damit in Berührung! Nichts geschieht zufällig, sondern wir gehen im Außen immer mit dem in Resonanz, was in unserem Inneren längst existiert. Nur erkennen wir es nicht immer, weil es uns nicht bewusst ist. Ihr Herz wieder vollständig zu öffnen, ist derzeit eine tiefe Sehnsucht vieler Menschen. Eine Verbindung von »Herz zu Herz« zu schaffen, hilft uns, wahre Verbundenheit zu erleben.

Das achtsame *Herz*

Wohin du deine Aufmerksamkeit richtest, dorthin fließt deine Schöpferkraft. Die meisten Menschen richten ihre Aufmerksamkeit ständig auf die Schwierigkeiten und Probleme des Lebens. Alles, was sie damit jedoch erreichen, ist, dass sie sich auf diese Weise nur noch mehr Schwierigkeiten und Probleme erschaffen. Gedanken und Gefühle erschaffen Materie. Energie geht niemals verloren – und das, was du als Gedanken oder Gefühl in »energetischer Form« aussendest, kommt durch das Gesetz der Anziehung automatisch immer wieder zu dir als Urheber zurück. Somit besteht gar keine andere Möglichkeit, als dass dein Leben genau so verläuft, wie du es erwartest, weil du es selbst mit deinen Gedanken und Gefühlen kreierst. Was du in feinstofflicher Energie denkst und fühlst, wird Form annehmen und sich in der Materie genau so manifestieren. Wir können nur das erfahren und empfangen, was wir durch unser eigenes Denken, Fühlen und Handeln kreiert haben. Das Gesetz der Anziehung lässt uns wie ein Magnet funktionieren. Was aber in diesem Zusammenhang oft zu erwähnen vergessen wird: Unsere Gefühle sind der wichtigste Verstärker! Nur auf der gedanklichen Ebene etwas zu erschaffen, reicht alleine nicht aus! Unsere Gefühle, die aus dem Herzen kommen, haben eine vielfach stärkere Kraft. Über Generationen hinweg waren wir es bislang gewohnt, alles zu analysieren, sämtliche Vor- und Nachteile unserer Handlungen zu bewerten, abzuwägen und zu kontrollieren. Das alles beruht darauf, dass wir glauben, unser Verstand könne uns Schutz und Sicherheit bieten. Da wir zu stark im Denken verhaftet sind, hat das unweigerlich zur Folge, dass wir dabei den Kontakt zu unseren Gefühlen verlieren. Daher ist es in unserer vom Verstand dominierten Welt immer wichtiger geworden, wieder auf die Wahrheit und die Weisheit des Herzens zu hören und es in alle Entscheidungen miteinzubeziehen. Nur, wenn unser Herz und unser Verstand im Einklang und beide sich einig sind, funktioniert unsere innere Führung, unsere Intuition. Sie hilft uns, jederzeit am jeweils richtigen Ort zu sein, die richtigen Menschen kennenzulernen und auch die richtigen Entscheidungen zu treffen.

Deine Herzöffnung durch *Achtsamkeit*

Lege die Hand auf dein Herz.

Spüre deinen Herzschlag, das regelmäßige Klopfen und Pulsieren deines Herzens. Fühle, wie die Wärme deiner Hand sanft in dein Herz sinkt. Fühle die Energie, die da ist oder in Fluss kommt, und genieße es. Dein Herz klopft, dein Herz lebt. Es hält dich am Leben, schon so viele Jahre, Monate, Wochen, Tage, Stunden, Minuten ... ja, jede Sekunde deines Daseins. Spüre die Energie deines Herzens, und nimm sie ganz bewusst wahr – mehr brauchst du nicht zu tun. Die Energie folgt immer der Aufmerksamkeit, und so bewirkt diese einfache Übung, dass sich immer mehr und mehr Energie in deinem Herzen sammelt, weil du deine Aufmerksamkeit auf es lenkst. Sei achtsam, sei präsent, sei da, und bleibe in dieser wachen Präsenz! Richte dein Bewusstsein immer voll und ganz auf den gegenwärtigen Augenblick. Werde einmal still, und sei bereit, alle deine Urteile und Bewertungen über deine Gedanken und Gefühle freizugeben. Wichtig ist, dass du im gegenwärtigen Moment bleibst. Aufsteigende Gedanken kannst du wahrnehmen und an dir vorbeiziehen lassen. Bleibe nicht an den Gedanken hängen, sondern kehre, nachdem du sie wahrgenommen hast, einfach wieder in dein Herz zurück! Schaue, welche Emotion du im Herzen und in deinem Körper wahrnehmen kannst. Bleibe bei dem entsprechenden Gefühl, und schenke dir die Erlaubnis, dass es jetzt »da sein darf«. Es gibt eine Berechtigung, sonst wäre es jetzt nicht hier. Entwickle die Bereitschaft, alle Gedanken und Gefühle so anzunehmen, wie sie sind, ohne sie zu bewerten oder gar zu verurteilen. Werde zu einem stillen Beobachter, und frage dich: »*Was kann ich jetzt gerade in meinem Herzen wahrnehmen? Welche Gedanken sind jetzt in meinem Geist? Was kann ich dazu jetzt fühlen? Wo geht mein Körper mit meinen Gedanken und Gefühlen in Resonanz? Wo spüre ich die Gedanken und Gefühle in meinem Körper?*« Bleibe dabei stets wohlwollend, und bewerte deine Gefühle nicht. Nimm alles, was sich dir zeigt, so an, wie es gerade ist, ohne die Absicht, etwas verändern zu wollen. Du verwandelst dich vom urteilenden Kritiker zum achtsamen Beobachter! Bleibe offen, und schaue auf das, was aus deinem Herzen aufsteigt. Lasse deine Aufmerksamkeit gezielt dorthin wandern, wo es dich als Beobachter hinzieht, und verbleibe in dem entspannten Gefühl des gegenwärtigen Moments. Du kannst diese einfache Übung überall und jederzeit durchführen, auch zwischendurch, wenn du gerade ein paar Minuten Zeit hast, z. B. wenn du auf jemanden wartest, an der Bushaltestelle stehst, im Wartezimmer sitzt, Mittagspause hast oder auch während du kochst, bügelst oder staubsaugst. Besonders schön ist es, wenn du diese Übung zu einem Ritual vor dem Einschlafen machst oder du den Tag damit beginnst. Deine Achtsamkeit zu schulen, beruhigt spürbar Körper, Geist und Seele. Achtsamkeit bringt dich bewusst in die Mitte deines Herzens und lässt dich wertfreier und annehmender werden.

Affirmation:

»Möge ich mein Herz in Achtsamkeit für mich und andere öffnen.«

Das mitfühlende *Herz*

Im Buddhismus versteht man unter Mitgefühl den Wunsch, dass niemand Leid erfahren möge. Es bedeutet, dass ich erkenne, wenn jemand unzufrieden oder unglücklich ist und ich dieses Gefühl nachempfinden kann, ohne selbst darunter zu leiden. Mitgefühl ist etwas anderes als Mitleid. Wenn wir Mitgefühl empfinden, versinken wir nicht im Leid des anderen und fühlen uns hilflos, sondern wir bleiben handlungsfähig. Wir haben die Kraft und Stärke, dem anderen beizustehen, und können versuchen, ihm aus seiner leidvollen Situation herauszuhelfen. Wenn wir wahres Mitgefühl entwickeln, haben wir Verständnis für den anderen, weil wir uns über die Herzebene mit ihm verbinden. Ein empfindsames, warmes, offenes und mitfühlendes Herz lässt den anderen so sein, wie er ist. Wenn wir Mitgefühl empfinden, sind wir in der Lage, uns in andere

Menschen hineinzuversetzen, ihre Gedanken, Gefühle und Handlungen zu verstehen und diese nachzuempfinden. Es ist das Ende der Trennung. Wenn wir ein mitfühlendes Herz haben, sind wir mit allem eins. Dabei geht es nicht so sehr darum, sich genauso zu fühlen wie der andere, sondern es geht vielmehr darum, mit dem Gefühl bei ihm zu sein – z. B., indem man ihm gut und aufmerksam zuhört, Interesse und Zuwendung zeigt und vor allem die eigenen Werturteile ablegt, um den anderen mit allem, was ihn ausmacht, uneingeschränkt annehmen und anerkennen zu können. Mitfühlend zu sein bedeutet somit, alle Gedanken, Gefühle, Handlungen und auch die Sichtweise des anderen wertfrei anzunehmen und diese nicht mit dem Verstand, sondern mit dem Herzen zu verstehen. Wenn du wirklich mitfühlend bist, bist du offen und gespannt darauf, die Welt des anderen mit seinen Augen und seinem Herzen zu sehen. Wenn wir Mitgefühl für andere haben, sind wir in unserem natürlichen Zustand wahrer Nächstenliebe und Verbundenheit. Mehr denn je ist es an der Zeit, dass wir uns mitfühlend füreinander öffnen, uns trauen, uns einander anzunähern, damit wir das Eins-Sein erleben können.

Deine Herzöffnung durch *Mitgefühl*

Lege die Hand auf dein Herz.

Beobachte dich nun selbst einmal, und schaue, wie mitfühlend du bereits bist! Kennst Du Mitgefühl? Hast du es schon erlebt? Hast du schon einmal wahrgenommen, dass deine Mitmenschen dir gegenüber Mitgefühl empfanden? Und erlebst du dich als mitfühlenden Menschen anderen und auch der Natur gegenüber? Kannst du Mitgefühl für Tiere empfinden? Bist du Bäumen und Pflanzen gegenüber achtsam? Wenn du bemerkst, dass du dich als nicht ausreichend mitfühlend empfindest, gehe Schritt für Schritt vor. Beginne damit, Mitgefühl für dich selbst zu entwickeln. In welchen Situationen bist du mitfühlend dir selbst gegenüber gewesen oder hast Mitgefühl von jemandem erwartet? Wenn es dir gelingt, Mitgefühl dir selbst gegenüber zu empfinden, kannst du es im nächsten Schritt auch für dein Gegenüber entwickeln. Denke daran: Der andere ist das Spiegelbild deines Selbst. Er ist in dein Leben gekommen, um dir etwas zu zeigen. Das, womit dich ein anderer Mensch von außen konfrontiert, ist immer ein sichtbar gewordener innerer bzw. fehlender Teil von dir. Sei jetzt bereit, wahrzunehmen, was du selbst fühlst und was andere gegenwärtig fühlen. Übe dich mehr und mehr darin, dir selbst und allen Menschen, den Tieren und der gesamten Natur gegenüber eine mitfühlende Haltung einzunehmen. Sende dein Mitgefühl und deine Liebe in die Welt. Mitgefühl ist das bewusste Wahrnehmen und die uneingeschränkte Annahme aller Lebewesen – einschließlich deiner selbst – verbunden mit dem Gefühl des Wohlwollens und dem tiefen Wunsch, dass es allen Lebewesen gut gehen möge. Denke immer daran: Wenn es dir gut geht, geht es auch den Menschen aus deinem Umfeld gut – wir alle sind eins und miteinander verbunden!

Affirmation:

»Möge ich mein Herz voller Mitgefühl für mich und alle Wesen öffnen.«

Das annehmende *Herz*

In der heutigen Zeit ist es wichtiger denn je, endlich wieder fühlen zu lernen. Unser Verstand hat im Laufe der Zeit einen immer höheren Stellenwert eingenommen. Daher haben viele Menschen den Kontakt zu ihren wahren Gefühlen verloren oder verlernt bzw. nie gelernt, diese wahrzunehmen. Ungute oder negative Gefühle werden oftmals, schon bevor sie uns überhaupt bewusst werden, durch die natürliche Funktion unserer Abwehrmechanismen verdrängt. Wir glauben, dass wir uns vor ihnen schützen können, indem wir sie verleugnen, verdrängen oder versuchen, sie sogar bewusst abzulehnen und von uns zu weisen. Wir glauben, dass wir sie dadurch kontrollieren können und sie so nicht wahrzunehmen brauchen. In dem Moment, in dem wir uns aber gegen die negativen Gefühle »abschotten«, schneiden wir uns auch von den positiven Gefühlen ab und können diese ebenfalls nicht wahrnehmen. Die Folge ist, dass sich die Energie staut, und das zieht eine Blockade nach sich. Die Ablehnung, Vermeidung oder Verdrängung negativer Gefühle hat daher niemals zur Folge, dass ein Gefühl wirklich verschwindet. Dies kann erst geschehen, wenn wir bereit sind, es mit dem Herzen vollkommen zu bejahen. Erst, wenn wir uns erlauben, ein Gefühl in Gänze zu akzeptieren, schaffen wir ihm einen bewussten, inneren Raum und gewähren ihm dort einen Platz, an dem es Ruhe und Integration findet. Ein Gefühl wirklich anzunehmen und zu integrieren bedeutet, es so wahrzunehmen, wie es wirklich ist, und es nicht in seiner Intensität zu vermindern oder mit etwas anderem zu kompensieren versuchen. Etwas von ganzem Herzen wirklich anzunehmen, ist die uneingeschränkte Erlaubnis, etwas so zu akzeptieren und so sein zu lassen, wie es ist, ohne es verändern zu wollen! Vertraue der Energie des Wandels. Die Quelle der Veränderung bist du selbst.

Deine Herzöffnung durch liebevolle *Annahme*

Lege die Hand auf dein Herz.

Sei bereit, jetzt einmal ganz still zu werden, und fühle den Rhythmus deines Herzschlages. Versuche, nur auf dein Herz zu achten. Kannst du die Kraft spüren, die in deinem Herzen sitzt? Mache deinen Geist frei, und wenn Gedanken kommen, versuche einfach, sie weiterziehen zu lassen wie Wolken am Himmel. Versuche nicht, etwas im Geiste zu sortieren oder zu analysieren. Achte nicht darauf, was du haben möchtest und was du nicht haben möchtest, was du fühlen möchtest und was du nicht fühlen möchtest. Lasse einmal alle Gedanken und Gefühle so zu, wie sie gerade sind. Alles darf in dir sein! Und alles hat seine Berechtigung. Du hast ein Recht auf alle deine Gefühle, auf alle positiven wie auch auf alle negativen! Wenn du Ängste hast, dann sei bereit, diese Ängste in ihrer vollen Größe und Intensität anzunehmen. Fühle, wo sie sitzen, und sage: *»Ja, DA IST Angst! Ich erlaube mir jetzt, meine Angst zu fühlen.«* Und dann prüfe, wo du sie im Körper spüren kannst. Gibt es einen Körperteil, der besonders betroffen ist? Was für Gedanken kommen in dir auf, wenn du mit dem Gefühl der Angst in Resonanz gehst? Versuche, dieses Gefühl »liebevoll in deine Arme zu nehmen«, so, als würdest du ein kleines Kind zum Trost auf deinen Schoß nehmen und es sanft und liebevoll im Arm halten. Entwickle die Bereitschaft, diese Ängste jetzt genau so zu akzeptieren, wie sie sind, und schaue, was geschieht, sobald du bereit bist, diese Ängste in dein Herz aufzunehmen. Um positive Gefühle in voller Intensität auszukosten, gehe genauso vor wie bei negativen Gefühlen. Egal, ob du Freude oder Sorge empfindest. Nimm alle Gefühle an, ohne sie zu analysieren oder zu bewerten. Dann schaue, wo die Gefühle in deinem Körper sitzen. Spüre nach, wo du diese Gefühle gerade am stärksten wahrnehmen kannst. Auch dabei brauchst du nichts anderes zu tun, als zu fühlen, ohne die Körperstelle, die Intensität oder Ähnliches zu deuten. Wichtig ist nur, dass du in diesem gegenwärtigen Moment immer das entsprechende Gefühl wahrnimmst und dann die Bereitschaft hast, es genau so anzunehmen, wie es sich gerade in dir zeigt – völlig wertfrei. Alle Gefühle dürfen in dir sein! Versuche, nichts zu verändern – sondern nimm alles an, wie es gerade ist.

Affirmation:

»Möge ich alles,
was sich mir im
Innen und im
Außen zeigt, in
Liebe annehmen.«

Das dankbare *Herz*

Die wichtigsten und grundlegendsten Emotionen, die unserem Herzen zugeordnet werden, sind Liebe und Dankbarkeit. Wer wahres inneres Glück empfindet, trägt zwei wichtige Schlüssel in sich: die Fähigkeit zu lieben und die Fähigkeit zu danken. Liebe und Dankbarkeit sind die stärksten Kräfte im Universum, daher ist die Fähigkeit, von Herzen dankbar zu sein, eine wahre Liebeserklärung an dich, an andere und an das Leben selbst. Es ist bewiesen, dass das Gefühl von Dankbarkeit einen starken Einfluss auf unser Wohlbefinden und unsere psychische Gesundheit hat. Aus diesem Grund ist es besonders wichtig, dass wir die Dankbarkeit in uns stärken. Wenn wir wahre Dankbarkeit fühlen, ist es nicht möglich, dass wir gleichzeitig negative Gefühle wie Angst, Neid oder Hass empfinden. Dankbarkeit ist eine Power-Strategie für mehr Zufriedenheit in unserem Leben. Wenn wir uns bewusst machen, wofür wir dankbar sind, breitet sich umgehend ein tiefes Gefühl der Zufriedenheit und Freude in uns aus. Je regelmäßiger wir Dankbarkeit empfinden, desto stärker wird die Wirkung dieses positiven Gefühls in uns sein. Das, was wir im Inneren fühlen, das strahlt nach außen! Energien haben keine andere Wahl, als genau das zurückzubringen, was du zuvor mit allen deinen Gedanken und Gefühlen eigenmächtig erschaffen hast. Wenn wir Dankbarkeit zu einem Teil unseres Lebensstils machen, ziehen wir noch mehr Dinge an, für die wir dankbar sein dürfen, denn es funktioniert wie ein Magnet. Dankbarkeit schenkt uns dauerhaften Erfolg, Glück und Gesundheit.

Anleitung 4:

Deine Herzöffnung durch *Dankbarkeit*

Lege die Hand auf dein Herz.

Nimm dir jetzt ein paar Minuten Zeit, und frage dich: *»Wofür bin ich in meinem Leben dankbar?«* Nimm alles auf, was dir jetzt spontan einfällt. Das muss nichts Bedeutsames sein. Schaue auch auf die kleinen Dinge im

Leben, für die du dankbar sein kannst. Vielleicht kannst du dir im Geiste viele Dankbarkeitssätze überlegen. Beginne mit: »*Ich bin dankbar für ...*«, und dann lasse aus dem Herzen kommen, was dir gerade einfällt, wie z. B.: »*Ich bin dankbar für mein gemütliches Zuhause, meine tolle Familie, meine Eltern, für die Menschen, die mich unterstützen und für mich da sind, wenn ich sie brauche, meine Freunde, mit denen ich über alles reden kann, meine Gesundheit, meinen Humor und mein Lachen, mein Haustier, das mir treu zur Seite steht, für die Liebe meines Partners, meine Arbeit, die mir Spaß macht, meine netten Kollegen, Komplimente von anderen, meine Sinne, jeden neuen Tag, den ich erleben darf, usw.*« Du kannst alles aufzählen, was dir einfällt, auch noch so kleine Dinge, wie den leckeren Tee, das nette Gespräch mit der Nachbarin, den Sonnenschein usw. Eine weitere wunderbare Übung ist es, wenn du deine gefühlte Dankbarkeit ganz bewusst und gezielt auf andere Lebewesen ausweitest. Wenn du magst, kannst du deine Aufmerksamkeit auf eine Person oder auch auf ein Tier richten, dem du von Herzen dankbar bist. Stelle dir im Geiste vor, wie du ihm erklärst, wofür du ihm dankbar bist, und betrachte das Gefühl, das das Wesen in dir hervorruft: »*Liebe/r (Name)... Ich bin dankbar dafür, dass du einen Platz in meinem Leben hast, weil du mir Freude bereitest, Kraft gibst, Hoffnung und Zuversicht schenkst, Unterstützung bietest, Liebe schenkst ...*« Fühle dabei, wie die Energie der Dankbarkeit von deinem Herzen zu dem Herzen des Tieres fließt! Sei dankbar für das, was euch beide verbindet, und lasse die Liebe zwischen euren Herzen fließen.

Affirmation:

»Möge es mir gelingen, mein Herz stets in Liebe und Dankbarkeit zu öffnen.«

Das vertrauensvolle *Herz*

Vertrauen zu entwickeln, ist ein großer und wichtiger Schritt auf dem Weg zu einem offenen Herzen. Es gibt drei Säulen, auf denen wir unser Vertrauen aufbauen können: Vertrauen in uns selbst, Vertrauen auf andere und Vertrauen auf eine höhere Macht, eine Gottheit oder auf die Kraft des Universums. Wenn du kein Selbstvertrauen mehr entwickeln kannst oder es dir schwerfällt, anderen zu vertrauen, gib dem Universum die Erlaubnis, dein Leben für dich neu zu ordnen! Das Universum besitzt seine eigene Intelligenz, es vermag Dinge und Begebenheiten wieder »in Ordnung zu bringen«. Diese natürliche Intelligenz arbeitet stets zu deinem höchsten Wohl, wenn du das Vertrauen entwickeln kannst, dass alles, was geschieht, zu deinem Besten ist. Die Weisheit deines Herzens ist sehr viel größer, als der Verstand es jemals zu erfassen vermag. Alles, was es zu tun gibt, ist, wahrhaftig zu vertrauen und dafür zu danken, dass die Angelegenheiten in Ordnung kommen! Erteile der heilenden Energie des Universums die Erlaubnis, dich in deinem Leben zu unterstützen und dich zu stärken. Lasse alle Ängste, Zweifel, Unsicherheiten und Sorgen frei, und lasse dich stets von der Energie des Vertrauens bei allen Veränderungen leiten und führen. Sobald du lernst, die Kontrolle aufzugeben und von ganzem Herzen zu vertrauen, werden sich die Dinge in deinem Leben zu deinem höchsten Wohl ordnen. Sei wachsam, und bleibe stets im Vertrauen auf Gott. Bevor du eine neue Tür öffnest, sei wertfrei und bereit für die Veränderungen, die dann in deinem Leben eintreten können. Wenn du Angst vor etwas Neuem hast, kann nur das Gefühl von uneingeschränktem Vertrauen diese Angst auflösen. Vertraue darauf, dass alles, was geschieht, einen Sinn hat und alle Dinge sich stets zu deinem höchsten Wohl ereignen – auch dann, wenn es auf den ersten Blick nicht so scheint. Zu einem späteren Zeitpunkt wirst du erkennen und verstehen, warum die Veränderung so und nicht anders in dein Leben kam. Wenn du dir selbst nicht hundertprozentig vertrauen kannst, sei jetzt bereit, einer höheren Macht die Erlaubnis zu geben, eine positive Veränderung in deinem Leben zu bewirken. Vertraue darauf, dass alle Veränderungen, die du in deinem Leben erfährst, zu deinem höchsten Wohl geschehen und dir die Erfah-

rungen am Ende ausschließlich inneres Wachstum und
Heilung bringen werden.

Deine Herzöffnung durch *Vertrauen*

Lege die Hand auf dein Herz.

Atme ein paar Mal ganz bewusst tief ein und wieder aus.
Es geht jetzt darum, dein Vertrauen zu fühlen. Schaue
einmal, wie viel du bereits davon besitzt. Vertraust du
dir selbst? Wann vertraust du dir, und wobei vertraust
du dir vielleicht noch nicht hundertprozentig? Gibt es
Situationen in deinem Leben, in denen du dir selbst vielleicht nicht genügend vertrauen konntest? Vertraust du
deinen eigenen Fähigkeiten? Vertraust du der Stimme
deines Herzens? Vertraust du deiner Intuition und lässt
dich von ihr führen? Nun prüfe, wie es mit deinem Vertrauen zu anderen steht. Wem kannst du vertrauen?
Wann verspürst du Misstrauen? Fühle in dein Herz, und
frage dich: *»Welche Qualitäten haben Menschen, denen
ich vertraue? Und welche Qualitäten vermisse ich an Men-*

schen, denen ich nicht vertrauen kann? Was ist nötig, damit ich erneut Vertrauen aufbauen kann?« Wir glauben oft, dass es nicht leicht ist, anderen zu vertrauen, weil wir in der Vergangenheit schon enttäuscht wurden und dadurch unser Herz verschlossen haben und verlernt haben, anderen unser Vertrauen zu schenken. Doch gerade, wenn du in der Vergangenheit verletzt wurdest, weil jemand dein Vertrauen ausgenutzt hat, gilt es jetzt, erneut zu prüfen, ob du noch immer Angst vor einer neuen Verletzung hast und dich verschließt, anstatt offen zu sein für eine neue positive Erfahrung. Fast jeder Mensch hat in seinem Leben schon Vertrauensbrüche erlebt, und vielleicht geht es dir auch so. Ist dein Vertrauen schon von anderen ausgenutzt worden? Hast du mehr oder weniger das Vertrauen in andere verloren? Kannst du einen vergangenen Vertrauensbruch weiterhin nicht vergessen und hältst an dem damit verbundenen Schmerz fest? Je weniger Vertrauen du hast, desto weniger vertrauenswürdige Menschen wirst du in deinem Leben anziehen. Denke wieder an das Gesetz der Resonanz. Mache dir bewusst, wie schön es ist, jemandem, den man von Herzen gern hat, sein uneingeschränktes Vertrauen zu schenken! Wenn du dir wirklich hundertprozentig vertraust, fällt es dir viel leichter, dich auf andere einzulassen und dich dabei sicher und wohlzufühlen. Vielleicht gibt es auch Situationen in deinem Leben, in denen du Unterstützung von anderen erfahren hast und in denen du durch das Vertrauen eines anderen ermutigt wurdest und etwas Tolles erreicht hast! Wenn du feststellst, dass es dir schwerfällt, dir selbst oder auch anderen zu vertrauen, öffne dich der dritten Säule des Vertrauens. Schaue und fühle in dein Herz, ob du einer höheren Macht, einer Gottheit, deinem Schutzengel oder der Kraft des Universums vertrauen kannst. Stelle dir vor, wie es sich anfühlt, wenn du das Vertrauen entwickeln kannst, dass alles, was in deinem Leben geschieht, stets zu deinem Besten und höchsten Wohl geschieht, selbst wenn es im ersten Moment nicht so aussieht. Sei dir stets bewusst: Die Quelle der Veränderung bist immer du selbst. Entwickle ein »neues Vertrauen« in dich, in andere und in eine höhere Macht. Alles ist möglich, wenn du aus ganzem Herzen lieben und vertrauen kannst.

Affirmation:

»Möge ich mir selbst und anderen mit uneingeschränktem Vertrauen begegnen.«

Das friedvolle *Herz*

Wer von uns sehnt sich nicht nach mehr Liebe, Zuneigung und nach einem mitfühlenden und umsichtigen Umgang in allen zwischenmenschlichen Beziehungen? Die meisten Menschen haben das tiefe Bedürfnis, endlich wieder ihr Herz zu öffnen – sie wollen lieben und geliebt werden, doch gleichzeitig haben sie auch große Angst davor. Sie glauben, dass sie ihr Herz schützen müssen, und erbauen daher um es herum eine große und starke Mauer. Ständiges Abgrenzen führt jedoch dazu, dass wir den anderen nicht mehr wahrnehmen können und gegen das Leid der anderen kalt und gleichgültig werden. Wir alle wissen, dass sehr viel Leid und Unheil durch Wut, Zorn, Aggression und Gewalt verursacht werden. Dies geschieht zwischen einzelnen Menschen, aber auch zwischen Ländern und Nationen und Menschen verschiedener Religionen. In dem Moment, in dem wir glauben, eine Andersartigkeit wahrzunehmen, trennen wir uns von der Wahrheit, dass jeder Mensch den gleichen Wert hat und die Freiheit besitzt, genau so zu sein, wie er ist! Wo immer es möglich ist, sollten wir uns für den Frieden einsetzen! Wahren Frieden im Herzen zu erleben, ist eine hohe Kunst, denn es gibt immer Situationen und Menschen in unserem Leben, von denen wir glauben, dass sie unseren Frieden stören und es uns schwer machen, innerlich zur Ruhe zu kommen. Was aber, wenn wir verstehen würden, dass nur wir selbst die Möglichkeit haben, eine neue Wahrheit zu entdecken? Wie würde die Wahrheit aussehen, wenn nur du selbst entscheiden könntest, ob du ein Leben in Frieden oder ein Leben in Unfrieden lebst? Du glaubst nicht, dass du es in der Hand hast und selbst bestimmen kannst? Was würde passieren, wenn du das Bild eines Feindes in das Bild eines Freundes verwandeln könntest? Wie würde sich das im Herzen anfühlen? ... Befreiend! Ähnlich verhält es sich auch mit unseren Vorurteilen und Meinungen. Solange wir nicht aufhören, Personen, Gruppen, Berufe usw. zu klassifizieren, öffnen wir immer wieder dieselben Schubladen. Das gilt auch für alles, was in uns noch in Unfrieden und in Unordnung ist. Immer wieder reißen wir die Schublade »Unfrieden« auf und versichern uns, dass der Inhalt immer noch darin liegt. Beim erneuten Hinschauen ärgern wir uns und ziehen immer wieder neue Situationen in unser Leben, weil die Energie, die noch im Unfrieden ist, uns lediglich daran erinnern will, dass sie noch immer nicht geheilt ist. Wenn wir bereit sind, den Inhalt noch einmal herauszunehmen, ihn mit mitfühlendem Herzen gegenüber uns selbst und den anderen zu betrachten, können wir augenblicklich eine neue Sichtweise einnehmen und ihn danach in eine andere Schublade mit der Aufschrift »Angelegenheit erledigt« sortieren. Dort kann er dann endgültigen Frieden und Ruhe finden.

Anleitung 6:

Deine Herzöffnung durch *Vergebung*

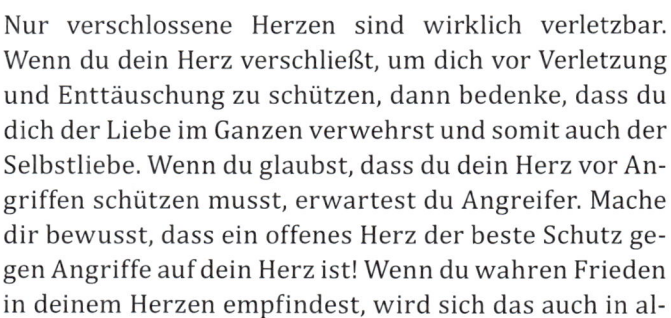

Lege die Hand auf dein Herz.

Nur verschlossene Herzen sind wirklich verletzbar. Wenn du dein Herz verschließt, um dich vor Verletzung und Enttäuschung zu schützen, dann bedenke, dass du dich der Liebe im Ganzen verwehrst und somit auch der Selbstliebe. Wenn du glaubst, dass du dein Herz vor Angriffen schützen musst, erwartest du Angreifer. Mache dir bewusst, dass ein offenes Herz der beste Schutz gegen Angriffe auf dein Herz ist! Wenn du wahren Frieden in deinem Herzen empfindest, wird sich das auch in allen deinen Lebensbereichen bemerkbar machen. Prüfe, wo du noch Ablehnung erfährst, und schaue, wo du gegebenenfalls noch Dinge ablehnst. *Womit darfst du noch Frieden in deinem Herzen schließen? Gibt es noch etwas, was dich im Unfrieden hält? Gibt es jemanden, mit dem du nicht in Frieden bist?* Spüre dich in die Person, mit der du im Unfrieden bist, hinein. Kannst du dort eine Böswilligkeit wahrnehmen? Oder hat sie so gehandelt, weil sie es nicht besser wusste? Ist es noch hilfreich, dass du die Energie fortwährend aufrechterhältst, obwohl die Situation längst vergangen ist? Vielleicht kannst du, mit der Hand auf deinem Herzen, jetzt darauf vertrauen, dass diese Erfahrung, auch wenn sie schmerzhaft war, für euch beide eine Bedeutung und Sinnhaftigkeit hatte. So, als wäre es eine gemeinsame Lebensaufgabe, die ihr euch beide gestellt habt und die ihr zusammen lösen wolltet. Was bringt letztlich die Lösung? Eine Haltung, die hartnäckig an der Verletzung und der Andersartigkeit des anderen festhält, oder eine Haltung, die Klarheit schafft und in der es um das höchste Wohl beider Seiten geht? Wenn dein Herz wirklich und wahrhaftig offen ist für dein eigenes Gefühl, entwickle Mitgefühl für die Handlung des anderen, und versuche zu verstehen, dass er nur so gut handeln konnte, wie es ihm möglich war – auch wenn du meinst, dass es falsch war oder dir nicht ausgereicht hat. Vermutlich wird auch der andere dasselbe von dir behaupten. Sei bereit, den

Unfrieden loszulassen, und lasse Vergebung zwischen ihm und dir fließen. Versuche, mit der Hand auf deinem Herzen, die Ursache des Leidens aufzugeben, und übe dich in Vergebung: *»Ich bin bereit, (Name) jetzt zu verzeihen und freue mich, die gebundene Energie zwischen uns frei werden zu lassen. Ich danke mir selbst für diesen Schritt zur Vergebung. Ich verdiene Liebe, Achtung und Respekt!«* Sei bereit, wo und wann immer es dir möglich ist, Frieden und Vergebung in deinem Leben zu erfahren. Bewusstes Mitgefühl für dich und andere, der Wunsch nach Aussöhnung und die daraus resultierende Vergebung vereint die Energie der Herzen, denn sie bereinigt alte, negative Energien und schafft neuen Raum, in dem wir ein Gefühl von Verbundenheit, Ganzheit und Lebendigkeit entwickeln und erfahren dürfen.

Affirmation:

»Möge ich anderen verzeihen, und mögen mir andere verzeihen können.«

Das physische *Herz*

Das physische Herz ist das wichtigste Organ unseres Körpers und die Kraftquelle unseres Lebens. Sein Schlagen ist hörbar, spürbar und messbar und kann durch seelische Belastungen aus dem Rhythmus geraten, wie wir aus der Medizin wissen. Wissenschaftlich betrachtet ist das Herz mit einer Leistung von etwa 2,4 Watt die stärkste elektromagnetische Kraftquelle im Körper. Das vom Herzen erzeugte elektromagnetische Feld kann von jedem anderen Lebewesen wahrgenommen werden. Diese Tatsache konnte sogar mit EEG-Messungen belegt werden. Der »Herz-Raum« oder »Herzens-Raum«, in dem sich alle Lebewesen, Menschen und Tiere begegnen, ist also – wissenschaftlich gesehen – mehr als nur eine Metapher. Wenn wir etwas Positives oder etwas Negatives erleben, regt sich das Herz spürbar. Es macht uns Gefühle deutlich(er)! Das Herz wird daher oft als Sitz der Seele und als wichtigster Indikator für unsere Emotionen bezeichnet. Liebe und andere positive Emotionen nehmen wir in der Herzgegend wahr. Aber auch negative emotionale Befindlichkeiten wie Angst und Stress wirken sich auf unser vegetatives Nervensystem aus, wodurch physiologisch messbare Disharmonien entstehen, die sich in einem unruhigen Herzrhythmus widerspiegeln. Unsere Herzfrequenz korrespondiert unbewusst und direkt mit all unseren Emotionen. So ist der Herzschlag bei Wut oder bei Angst im Körper sehr stark spürbar, wogegen sich bei Freude oder Dankbarkeit ein zunehmendes Wohlbefinden einstellt und sich die Herzfrequenz schnell wieder beruhigt. Auf der Basis dieser Erkenntnisse wurden Techniken zur Stressreduktion entwickelt, mit denen Menschen lernen, ihre Aufmerksamkeit auf die Herzgegend zu lenken und sich an positive, anerkennende oder fürsorgliche Gefühle zu erinnern. Mit zunehmendem Wohlbefinden und dem Gefühl von Entspannung harmonisieren sich Organismus und Herzfrequenz wieder. Kraft, Ruhe und Gelassenheit aus der Mitte unseres Herzens zu erfahren, hilft uns, Körper, Geist und Seele zu entspannen. Um uns zu regenerieren, ist es bedeutsam, auf möglichst viel Entspannung und Ruhe zu achten, denn Heilung kann immer nur in einem entspannten Zustand geschehen.

Anleitung 7:

Deine Herzöffnung durch die Kraft der *Selbstheilung*

Lege die Hand auf dein Herz.

Aktiviere jetzt die Selbstheilung deines physischen Herzens, und bringe es wieder in Einklang mit deinen Gefühlen. Mache dir bewusst, dass du die Fähigkeit besitzt, jeden kranken oder beschädigten Teil deines Körpers zu heilen und den gesunden Zustand wiederherzustellen. Durch das Wissen und das Bewusstsein, dass dein Körper sich selbst zu heilen vermag, sendest du diesen kraftvollen Gedanken aus, welcher wie ein elektrischer Impuls durch das zentrale Nervensystem deines Körpers genau an die erkrankte Stelle fließt. Durch deinen positiven Glauben und dein Vertrauen an deine Selbstheilungskraft ermächtigst du dich selbst zur Heilung. Du selbst bist imstande, alle erkrankten Zellen dazu anzuregen, sich wieder vollkommen zu regenerieren. Das ist kein Wunder – das ist Natur! Jedes Lebewesen hat die Fähigkeit zur Selbstheilung und kann seine Selbstheilungskräfte aktivieren. Wenn du denkst, dass dein Körper nur durch die Schulmedizin geheilt werden kann, dann funktioniert das, weil du daran glaubst.

Wenn du glaubst, dass du durch alternative Methoden geheilt werden kannst, dann funktioniert auch das. Der Glaube, der in dir zu diesem Thema dominiert, entscheidet darüber, welche Behandlung bei dir wirkt. Lange Zeit hatten wir kein Bewusstsein dafür, dass wir uns selbst heilen können. Doch durch die Beschäftigung mit der Kraft der Gedanken und Gefühle ist uns mittlerweile bewusst, dass wir sehr wohl imstande sind, uns selbst wieder vollständig zu heilen. Allerdings ist es wichtig, dass wir innerlich auf allen Ebenen unseres Seins wirklich »Ja« zu unserer Heilung sagen – nur dann kann sie auch eintreten. Auch wenn Ärzte, Heiler usw. alles für ein Lebewesen tun können, um es wieder in den Zustand der Gesundheit zu bringen, geschieht Heilung erst dann, wenn die Seele und das Unterbewusstsein in diese Heilung einwilligen! Wenn geistige oder seelische Blockaden bestehen bleiben, aus welchen Gründen auch immer, wird auch der Körper nicht vollständig heil werden können. Heilung geschieht, wenn du daran glaubst und darauf vertraust! Dann wird der Glaube zu einer absoluten Wahrheit im Körper – so wirken das Wissen und das Bewusstsein auf allen Ebenen unseres Seins. Wenn du magst, dann gehe in die Mitte deines Herzens, und erlaube der universellen Kraft, sich um deine Heilung zu kümmern. Vertraue darauf, dass du immer nur das erhältst, was deiner Selbstheilung dient.

Affirmation:

»Möge ich jetzt
Heilung auf allen
Ebenen meines
Seins erfahren.«

Das spirituelle *Herz*

Menschen neigen grundsätzlich dazu, alles erst einmal mit dem Verstand zu betrachten, und ordnen allem umgehend eine Bewertung zu. Egal, ob es sich um eine Sache oder auch um eine Person handelt. Das jeweilige Objekt oder die Person bekommt vom Betrachter sozusagen schon einen »energetischen Stempel« verpasst! Dabei ist es unerheblich, ob es für gut oder schlecht befunden wird, ob es verbal geäußert wird oder nonverbal über unser Verhalten und unsere Körperhaltung ausgedrückt wird – die »Energie« kommt immer an! Das Herz kann viele Fähigkeiten und Qualitäten in sich tragen, und es wird als feinfühligstes und empfänglichstes aller Organe bezeichnet, denn es besitzt seine eigene Intelligenz und ist hörend und sprechend zugleich. Das Herz vermittelt zwischen dem irdischen und dem himmlischen Sein. Auch in unserer Umgangssprache verwenden wir das Wort »Herz« sehr häufig, wenn es um Dinge geht, die uns wirklich wichtig sind und die einen besonderen Stellenwert haben. Mit Sätzen wie: »D*ie Angelegenheit liegt mir am Herzen«, »Ich schütte dir mein Herz aus«, »Ich habe etwas auf dem Herzen« oder »Ich trage mein Herz auf der Zunge«,* sprechen wir aus, was wir wirklich fühlen. Jemand, der uns sehr verletzt hat, hat uns »*das Herz gebrochen«, »schweren Herzens«* nehmen wir Abschied von jemandem, der uns sehr wichtig ist und den wir lieben, und wir folgen der »*Stimme unseres Herzens«,* wenn wir wichtige Entscheidungen treffen. Es ist uns eine »*Herzensangelegenheit«* oder wir tun etwas »*von Herzen gerne«.* Auch kann uns ein »*Stein vom Herzen fallen«,* wenn wir uns aus einer Angelegenheit, die uns zuvor emotional sehr bedrückt und belastet hat, befreien und dann Erleichterung fühlen. Wie die Sprache verdeutlicht, ist unser »spirituelles Herz« das tiefste und heiligste Energiezentrum, welches unserem Emotional- und Energiekörper innewohnt, und es ist immer das spirituelle Herz in uns, welches sich nach der Energie der Schöpfung sehnt: der wertfreien und bedingungslosen Liebe. Mit einem geheilten Herzen können wir tiefe, wertfreie Liebe erfahren und erleben. Die bedingungslose Liebe ist die Energie, die unsere »Neue Erde« trägt – und die jeder Einzelne von uns erleben kann, sobald er bereit ist und sein Bewusstsein verändert.

Deine Herzöffnung durch gelebte bedingungslose *Liebe*

Lege die Hand auf dein Herz.

Fühle das Pulsieren deines Herzens, und sage in Gedanken oder sprich laut, während du dich dabei auf dein Herzzentrum konzentrierst: *»Ich gehe jetzt in Resonanz mit der bedingungslosen und wertfreien LIEBE. Ich verdiene bedingungslose und wertfreie LIEBE. Ich bin bereit, bedingungslose und wertfreie LIEBE zu erfahren. Ich öffne mich jetzt für die bedingungslose und wertfreie LIEBE. Ich schenke mir bedingungslose und wertfreie LIEBE. Ich sende meine bedingungslose und wertfreie LIEBE auch anderen«.* Nun beobachte das Gefühl, das sich jetzt in deinem HERZEN ausbreitet. Was kannst du fühlen? Wird es angenehm warm, kribbelt es oder fühlt es sich an, als würde dein Herz freier werden und sich ausweiten? Bleibe einfach in dem Gefühl, das deinem Herzen innewohnt – fühle, ohne zu denken und zu werten! Wenn ein Gedanke in dir aufsteigt, lasse ihn wie eine Seifenblase vorbeiziehen, und gehe einfach wieder in das Gefühl und in die Mitte deines Herzen zurück, bis alle Gedanken ganz ruhig und still in dir werden. Genieße die Momente des reinen Seins, denn im reinen Sein sind keine Gedanken. Du bist in dieser Zeit frei von Sorgen, Zweifeln, Urteilen, Bewertungen usw. Wenn du wirklich in dir ruhst und frei von allem Denken bist, spürst du deinen Körper umso mehr und kannst auch die Weisheiten deiner Seele besser empfangen. Wenn du in dieser Stille das Gefühl von tiefem inneren Frieden und Glückseligkeit empfinden kannst, bist du der BEDINGUNGSLOSEN LIEBE nah. Du fühlst dich »vollkommen« und bist »eins« mit der Welt. Es ist das Gefühl der Verbundenheit zu allem, was existiert. Speichere dieses wunderbare Gefühl in jeder Zelle deines Körpers ab – es ist ein Geschenk, welches dich und dein Herz heilt!

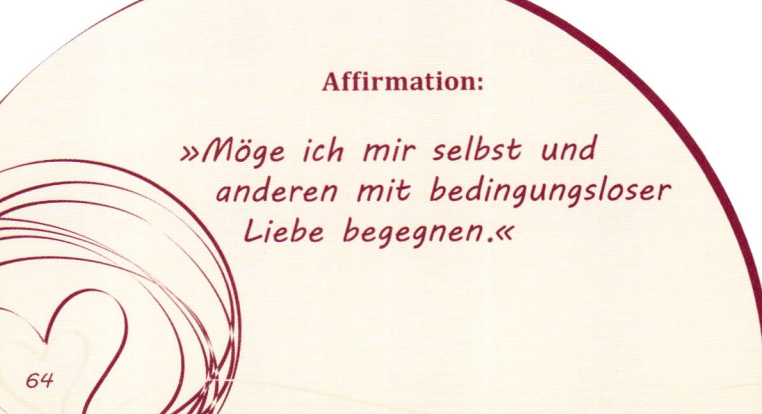

Affirmation:

»Möge ich mir selbst und anderen mit bedingungsloser Liebe begegnen.«

Das helfende *Herz*

Anderen Lebewesen, ob Menschen oder Tieren, zu helfen, ist etwas ganz Wunderbares! Leider gibt es erhebliche Unterschiede, was die Hilfsbereitschaft von Menschen betrifft. Auf der einen Seite sind manche deutlich zu hilfsbereit und verausgaben sich für andere bis zur Selbstaufgabe. Und auf der anderen Seite gibt es Menschen, die von der edlen Tugend, anderen zu helfen, eher selten oder fast nie Gebrauch machen. Wie immer ist der mittlere Weg der heilsame für alle Beteiligten. Wer sein Herz allerdings zu sehr verschlossen und abgeschottet hat, wird für sich selbst kaum Hilfe beanspruchen und somit auch niemals das Bedürfnis haben, für andere da zu sein. Der Grund dafür liegt oftmals in einer energetischen Blockade hinsichtlich des »Gebens und Nehmens«. Nicht selten ist dort ein erhebliches Ungleichgewicht entstanden. Und so haben Menschen, die dazu neigen, zu viel zu helfen, oft das Gefühl, sie müssten den anderen unbedingt etwas »zurückgeben«. Es ist wie eine alte Schuld, die sie glauben, begleichen zu müssen. Menschen, die sich schuldig fühlen, wenn sie die Hilfe der anderen annehmen, haben meistens sehr große Probleme, Hilfe für sich selbst in Anspruch zu nehmen. Damit sie keine Schuldgefühle aufbauen, verzichten sie lieber ganz auf die Hilfe anderer und versuchen immer, alles alleine zu schaffen. Dies führt meistens dazu, dass sie irgendwann zusammenbrechen, weil ihre Kraftreserven aufgebraucht sind. Menschen, die immer dazu neigen, nur von anderen »zu nehmen«, ohne den Wunsch zu haben, etwas zurückzugeben, glauben, dass der andere ihnen etwas schuldig ist. Diese Menschen haben keine Probleme, Hilfe in Anspruch zu nehmen, sondern damit, ihre Hilfe anderen anzubieten, etwas für andere zu tun. Sie vermeiden, anderen etwas von sich zu geben. Auch hier kann der Grund sein, dass sie selbst schon extreme Hilflosigkeit erlebt haben und deshalb keine Hilfe anbieten können, weil sie in einer gewissen Opferrolle hängen geblieben sind. Beide extremen Charaktere, der Helfer und der Hilfeverweigerer, können aus dem Dilemma jedoch nur aussteigen, wenn sie sich ihr Ungleichgewicht bewusst machen und eine gesunde Hilfsbereitschaft und Hingabe für andere entwickeln.

Deine Herzöffnung durch *Hingabe*

Lege die Hand auf dein Herz.

Da wir Menschen soziale Wesen sind, brauchen wir einander und kommen in manchen Lebenslagen einfach nicht mehr alleine weiter, sondern sind auf die Hilfe von anderen angewiesen. Wie sieht es mit deiner Hilfsbereitschaft aus? Hast du ein Ohr für die Sorgen und Nöte deiner Mitmenschen? Besitzt du ein natürliches und gesundes Maß an Hilfsbereitschaft? Wenn du ein Mensch bist, der eher zum *Helfersyndrom* neigt, frage dich: *»Kenne ich meine gesunde Grenze, wenn es um meine Hilfsbereitschaft geht? Neige ich dazu, mich selbst dabei zu vergessen und mich so für andere aufzuopfern, dass ich nicht mehr auf meinen eigenen Energiehaushalt achte? Wie kann ich lernen, ›Nein‹ zu sagen, wenn andere meine Hilfe verlangen?«* Bedenke: Ein »Nein« an andere ist immer ein »Ja« zu dir selbst. Wenn du anderen oft Hilfe verwehrst und dazu neigst, die Bedürftigkeit deiner Mitmenschen nicht wahrzunehmen, frage dich jetzt: *»Was löst die natürliche Hilfsbedürftigkeit in mir aus? Nehme ich die Hilfe anderer in Anspruch? Wann in meinem Leben habe* *ich anderen schon geholfen? Was ist geschehen, dass ich anderen meine Hilfe verweigere? Hat jemand meine Hilfe schon einmal zu sehr beansprucht? Ziehe ich meine Grenze jetzt zu stark, um mich davor zu schützen, ausgenutzt zu werden? Habe ich als Kind vielleicht die Erfahrung gemacht, hilfsbedürftige Familienmitglieder zu haben und mich dadurch selbst hilflos gefühlt? Was kann ich heute tun, um anderen öfter aktiv zu helfen?«* Egal, ob du dazu neigst, anderen deine Hilfe anzubieten, oder anderen deine Hilfe eher verweigerst – es ist wichtig, immer auf den Ausgleich zu achten und ein ausgewogenes Verhältnis zu schaffen zwischen Hilfe anbieten und annehmen. Es ist von großer Bedeutung, dass du immer in Kontakt mit deinen eigenen Bedürfnissen bleibst und trotzdem ein offenes Herz für die Bedürfnisse der anderen hast. Bitte, achte gut auf deine Energie, und schaue bei aller Hilfsbereitschaft auf deine eigenen Kraftreserven. Niemandem ist es dienlich, wenn du alle deine Energie für andere hergibst und am Ende selbst zusammenbrichst, weil du dich total verausgabt hast. Bitte, spüre gut in dich hinein, und höre auf die Bedürfnisse, die aus deinem Herzen kommen. Wenn es dein Wunsch ist, dich auszuruhen, dann gönne dir eine Pause, in der du wieder Kraft und Energie auftanken kannst. Wenn dich jemand um deine Hilfe bittet, dann achte gut auf dein Energielevel. Hast du genügend Energie zur Verfügung, um anderen davon etwas abzugeben? Wenn nicht, dann schaue, was du tun kannst, um gut für dich zu sorgen, und sage dem anderen, dass du gerne ein anderes Mal helfen wirst. Wenn du glaubst, dass du ausreichend Energie besitzt, um anderen zu helfen, prima – dann sei ein hingebungsvoller Helfer. Erlaube dir auch, Hilfe in Anspruch zu nehmen, wenn du sie brauchst.

Affirmation:

*»Möge ich
mein Herz für
meine eigenen
Bedürfnisse
und für die
anderer öffnen.«*

Das wahrhaftige *Herz*

Wenn wir bereit sind, unsere innere Wahrhaftigkeit zu entdecken und zu leben, gelangen wir umgehend von einem verzerrten Selbst zu unserem wahren Sein. In dem Augenblick, in dem wir beispielsweise ein Gefühl als »wahrhaftig« erachten, bekommt es einen Platz in uns – einfach, weil wir ihm unsere volle Aufmerksamkeit schenken und ihm dadurch die Berechtigung geben, dass es so in uns sein und existieren darf. Durch die Annahme aller unserer wahrhaftigen Gefühle lernen wir, dass auch andere Lebewesen um uns herum ein Recht auf ihre individuellen Gefühle haben. Es geht darum, bereit zu sein, die Gefühle des anderen so anzunehmen, wie sie sind, und nicht den anderen aufgrund seiner Gefühle zu verurteilen, auch wenn sie sich von den unseren entscheiden. Die Wahrheit jedes einzelnen Herzens ist und bleibt individuell und einzigartig und sollte deshalb nicht anhand der Wahrheit von anderen bewertet werden. Manche entfernen sich im Laufe des Lebens von der eigenen inneren Wahrheit, vielleicht um anderen Menschen zu gefallen oder um geliebt und anerkannt zu sein. Vielleicht haben sie die Erfahrung gemacht, dass sie nur dann angenommen wurden, wenn sie sich so verhielten, wie andere es von ihnen verlangt haben – aber nicht, wie es ihrer inneren Wahrheit entsprach. Sie haben gelernt, ihre eigene Wahrheit oder ihre wahren Gefühle vor anderen zu verbergen, um sich zugehörig zu fühlen. Wenn wir uns nicht erlauben, zu sein, wie wir sind, ist es so, als würden wir uns selbst und damit auch die anderen belügen. Wenn wir nicht unsere Wahrheit leben, dann leben wir in Unwahrheit! Jede Unwahrheit und jede Lüge schwächt unseren Energiehaushalt. Die innere Wahrheit zu leben, schafft Freiheit und Unabhängigkeit. Wenn wir uns selbst treu bleiben und stets unserer inneren Wahrheit folgen, werden wir auch Menschen anziehen, die ebenfalls die Wahrheit lieben und sich so zeigen, wie sie wirklich sind. Das Versteckspiel hört auf: Wenn wir uns zeigen, wie wir sind, können andere unsere Wahrhaftigkeit und Authentizität fühlen und trauen sich ebenfalls, so zu sein, wie sie sind. Wenn wir uns für die Wahrheit entscheiden, werden wir stets Wahrhaftigkeit in allen Situationen des Lebens erfahren.

Deine Herzöffnung durch gelebte *Wahrhaftigkeit*

Lege die Hand auf dein Herz.

Du kannst jetzt deine Wahrhaftigkeit finden, indem du in dein Herz hineinhorchst. Mache eine Reise in die Mitte deines Herzens, dort wirst du deinen wahren, göttlichen Kern finden. Atme einige Male ganz tief ein und aus. Nimm dir die Zeit, in dein Herz zu fühlen. Kannst du jetzt gerade das Klopfen deines Herzens spüren? Frage dich: *»Wer bin ich? Wer bin ich wirklich? Wer möchte ich in Wahrheit sein? Kenne ich und lebe ich meine innere Wahrheit? Zeige ich mich so, wie ich wirklich bin? Zeige ich alles, was mich und meinen inneren Wesenskern wirklich ausmacht?«* Wenn du das Gefühl hast, dass du oft für andere deine Wahrheit zurückhältst, frage dich: *»Warum verstecke ich mich und meine Wahrheit noch? Welche Anteile von mir halte ich stets verborgen, oder warum traue ich mich nicht, so zu sein, wie ich in Wahrheit bin?«* Beginne jeden Tag mit dem Blick in den Spiegel, und sage dir am besten jeden Morgen aufs Neue: *»Heute bin ich WAHRHAFTIG zu mir und anderen!«* Lächle dich dabei liebevoll und wertschätzend an. Wahrheit anzunehmen und Wahrheit zu leben, ist etwas sehr Befreiendes! Schenke dir selbst jetzt die Freiheit, so zu sein, wie du in Wahrheit bist und wie es deinem wahren Wesenskern entspricht! Du wirst sehen: Je wahrhaftiger du selbst wirst, desto mehr Menschen ziehst du in dein Leben, bei denen du dich so zeigen kannst, wie du wirklich bist. Auch dafür sorgst du selbst, denn du ziehst immer nur das an, was in dir ist. Je mehr Wahrheit du lebst, desto mehr wird sie in deinem Leben präsent sein. Es ist das Ende von Selbsttäuschung und somit auch das Ende der Enttäuschung durch andere. Niemand muss dir mehr Unwahrheit spiegeln, weil du dich für die Wahrheit entschieden hast. Wahrheit lässt dein Herz wirklich frei werden!

Affirmation:

»Möge ich die Wahrhaftigkeit in mir selbst und in allen anderen Wesen erkennen.«

Das verantwortungsvolle *Herz*

Wenn wir von Verantwortung sprechen, dann meinen wir das Gefühl, das wir haben, wenn wir uns um etwas bemühen oder uns für etwas einsetzen, hinter dem wir stehen bzw. für das wir geradestehen. Wenn uns etwas wirklich am Herzen liegt, übernehmen wir gerne die Verantwortung dafür. Dann fällt es uns besonders leicht. Hat etwas aber keine große Bedeutung für uns, dann scheuen wir uns, die Verantwortung dafür zu übernehmen. Es gibt natürlich auch Menschen, die mit allen Mitteln versuchen, uns dazu zu bringen, Verantwortung für etwas zu übernehmen, obwohl wir dies nicht möchten. Sie versuchen, ihren Teil der Verantwortung an uns abzugeben, vielleicht weil sie diesen Anteil selbst nicht übernehmen möchten. Es wird uns sozusagen zu viel Verantwortung gegeben oder übertragen, die wir nicht tragen oder übernehmen müssten. Daher ist es umso wichtiger, immer genau zu prüfen, welchen Anteil der Verantwortung wir tragen und welchen der andere trägt. Wenn andere versuchen, dir ihren Teil der Verantwortung zuzuschieben, bringe ihnen nahe, dass du nur einen angemessenen Teil der Verantwortung tragen kannst – und nicht mehr! Im umgekehrten Fall gilt das natürlich genauso: Prüfe, wann und wo du dazu neigst, deinen Teil der Verantwortung auf andere abzuwälzen. Mache dir bewusst, dass du einen Teil deiner Handlungsfähigkeit verlierst, sobald du anderen deinen Teil der Verantwortung abgibst. Natürlich kann es sehr bequem und einfach sein, die Verantwortung von sich zu weisen. Meistens tun wir das aus Angst vor Misserfolg sowie vor den möglichen Konsequenzen und weil wir keine Schuldgefühle empfinden wollen. Wenn etwas misslingt, wofür wir unseren Teil der Verantwortung abgegeben haben, lassen wir die anderen mit allen Folgen allein. Wir entziehen uns der Verantwortung und geben dem anderen die alleinige Schuld. Es scheint einfacher, anderen die Schuld zu geben, anstatt den eigenen Teil der Verantwortung zu übernehmen. In Wirklichkeit ist es aber so, dass wir uns selbst dadurch ein Schuldgefühl aufladen. Wer verstanden hat, dass wir durch die Übernahme von Eigenverantwortung Handlungsfähigkeit und Entscheidungsfreiheit gewinnen, der wird auch die Opferrolle aufgeben und das Schuldspiel beenden, um wahre Freiheit zu erlangen.

Deine Herzöffnung durch *Eigenverantwortung*

Lege die Hand auf dein Herz.

Atme jetzt wieder in dein Herz, und spüre in dich hinein. Atme bewusst dreimal tief ein und wieder aus. Dann besinne dich auf die Mitte deines Herzens, und schaue, wie gut du auf eigenen Füßen stehst! Wie gefestigt und sicher fühlst du dich? Bist du dir deiner Kraft bewusst? Wie gut kannst du Verantwortung für die Dinge übernehmen, die du tust? Übernimmst du in allen Angelegenheiten die volle Verantwortung für deine Handlungen? Oder neigst du dazu, diese an andere abzugeben? Mache dir bewusst, dass du immer von anderen abhängig bleibst und deine Handlungsfähigkeit und deinen Entscheidungsfreiraum einschränkst, solange du anderen deinen Teil der Verantwortung übergibst. Mache dir bewusst, in welchen Situationen du die Verantwortung nicht tragen magst oder wo du dazu neigst, sie an andere Menschen abzugeben. Schaue dir einmal die Menschen an, denen du deinen Teil der Verantwortung übergibst. Frage dich: *»Welcher Person übergebe ich meinen Teil der Verantwortung? Was strahlt die Per-*

son aus, der ich meine Verantwortung übertrage? Welche Fähigkeiten spreche ich dieser Person zu, von denen ich glaube, dass ich sie nicht besitze?« Mache dir bewusst, welche Unterstützung du eventuell noch brauchst. Welche Fähigkeiten glaubst du kannst du zur Stärkung deiner Persönlichkeit dringend gebrauchen? Fühle in dein Herz, und frage dich: *»Was und wovon brauche ich noch mehr: Mut, Kraft, Durchhaltevermögen, Geduld, Stärke, Selbstvertrauen, Zuversicht ...?«* Wenn du herausgefunden hast, um welche Fähigkeit es sich handelt, dann versuche, sie zu dir »einzuladen« und in einer entsprechenden Situation die Verantwortung zu übernehmen. Befähige dich, selbst den vollen Teil deiner Verantwortung zu tragen. Prüfe in jeder Situation erneut, welche Fähigkeit du unterstützend brauchst, um deinen angemessenen Teil der Verantwortung zu übernehmen. Es wird dir Freude machen, wenn du fühlst, dass du dir selbst mit der Übernahme deiner Eigenverantwortung gleichzeitig mehr Handlungsfreiheit und Entscheidungskraft schenkst. Achte stets darauf, dass du nur deinen angemessenen Teil trägst und nicht auch die Verantwortung der anderen. Wenn jeder seinen eigenen Teil übernimmt, ist jeder gleichermaßen an einer Sache beteiligt, und alle tragen gemeinschaftlich zu einem guten Gelingen bei.

Affirmation:

»Möge ich meinen und
mögen andere ihren
angemessenen Teil
der Verantwortung
tragen.«

Das gütige *Herz*

Was ist gemeint, wenn wir von Güte sprechen? Güte ist eine hohe Kunst des Herzens. Gütig zu sein bedeutet, dass wir anderen uneigennützig etwas Gutes zukommen lassen, ohne etwas dafür zu verlangen. Wir schenken ihnen sozusagen ein »großzügiges Gefühl«, wir sind »gebend« und »wohlwollend«. Wenn wir anderen wohlgesinnt sind, dann sagen wir ihnen, dass wir ihnen etwas »von ganzem Herzen gönnen« und meinen damit, dass wir ihnen das Allerbeste wünschen. Im Christentum ist Güte eine der Haupteigenschaften Gottes – Gottes Liebe ist gütig. Im Buddhismus wird das Empfinden von Güte und Wohlwollen, sich selbst und anderen gegenüber, in der Metta-Meditation praktiziert. Metta ist eine uralte buddhistische Meditationsform und bedeutet übersetzt so viel wie »liebende und wohlwollende Güte«. In einfachen Worten ausgedrückt bedeutet es, mit liebevoller und akzeptierender Aufmerksamkeit für jemand anderen da zu sein. Im buddhistischen Sinn ist mit der liebenden Güte das »uneigennützige Schenken« und das »Verströmen von freundlichem Wohlwollen« gemeint. Es ist der Wunsch und die Absicht, dass es allen Lebewesen gut gehen möge, dass niemand Leid und Krankheit erfahren möge und dass alle Wesen, einschließlich ich selbst, glücklich und in Frieden sein mögen. Güte in sich zu entwickeln, schenkt eigenen inneren Frieden, weil es das *gemeinsame Glück aller fühlenden Wesen* zur Grundlage hat. Die liebende Güte beinhaltet auch das Gefühl der urteils- und wertfreien Liebe für sich selbst wie auch für alle anderen Lebewesen. Es ist die Haltung, jedes Lebewesen so anzunehmen, wie es ist, ohne dass es sich verändern oder anders wahrgenommen werden müsste. Bei der gütigen Liebe geht es darum, sein Herz zu öffnen und den anderen so anzunehmen und zu lieben, wie er in Wahrheit ist!

Anleitung 12:

Deine Herzöffnung
durch *Güte* und *Wohlwollen*

Lege die Hand auf dein Herz.

Schaue, was du dir tief im Inneren deines Herzens wünschst, indem du dich fragst: *»Was brauche ich wirklich, um glücklich zu sein?«* Dann prüfe, welchen Zustand dein Herz sich herbeisehnt, z. B. Frieden, Liebe, Geborgenheit, Sicherheit, Leichtigkeit, Gesundheit, Erfolg, das Gefühl, erwünscht zu sein ... Notiere alles, was du dir erhoffst, und formuliere die Sätze dann wie folgt: *»Möge ich inneren Frieden finden. Möge ich in Sicherheit leben. Möge ich glücklich sein. Möge ich körperlich und seelisch gesund sein. Möge ich leicht durchs Leben gehen. Möge ich im Leben erfolgreich sein. Möge ich stets das Gefühl haben, willkommen zu sein usw.«* Danach richtest du die Wünsche auf einen Menschen, der dir nahesteht und den du magst bzw. liebst. Das kann dein Partner, ein Kind, ein Verwandter oder ein guter Freund sein. Sage zu ihr oder ihm im Geist die Worte: *»Mögest du inneren Frieden finden usw.«* Dann richte dieselben Worte und die Gefühle, die du dabei hast, an eine »neutrale« Person, etwa an einen Nachbarn, eine Verkäuferin, den Busfahrer, Briefträger usw. Sende deine liebevolle Güte zum Schluss an alle Lebewesen und an alles, was auf dieser Erde existiert: *»Mögen alle Lebewesen der Erde im Frieden leben«.* Wenn du magst, kannst du dir aber auch bestimmte Menschen oder Gruppen oder Ähnliches aussuchen. Du kannst deine Gefühle und die Worte z. B. an alle Kinder, die heute geboren werden, richten: *»Mögen alle Kinder, die heute das Licht der Welt erblickt haben, inneren Frieden finden«.* Oder richte dich an alle kranken Lebewesen mit den Worten: *»Mögen alle kranken Lebewesen Heilung erfahren und körperlich und seelisch gesund sein«* usw. Beobachte, wie es sich anfühlt, wenn in deinem Herzzentrum diese wohlwollende Liebe und Güte schwingt. Kannst du fühlen, wie sich dein Herz immer weiter öffnet? Spüre diesem Gefühl aufmerksam nach. Vielleicht fühlst du zum ersten Mal bewusst die Ausweitung deiner spirituellen Herzenergie auf der energetischen Ebene. Praktiziere diese Übung täglich, und du wirst staunen, wie sich dein Energiefeld und dein ganzes Umfeld verändern werden.

Affirmation:

»Mögen alle Wesen
dieser Erde,
einschließlich meiner
selbst, glücklich,
gesund und in
Frieden sein.«

Zur weiteren Unterstützung gibt es eine *»Hand auf dein Herz«-App*[1], die dich ein ganzes Jahr begleitet. Das Besondere an der App ist, dass dir auf deinem Smartphone täglich eine konkrete Frage gestellt wird, die dich mit der Wahrheit deines Herzens in Kontakt bringt. Oft sind es gerade die kleinen Fragen des Lebens, durch die wir auf gewichtige Antworten kommen!

1 Du findest die App unter »Hand auf dein Herz« im Apple Store und Google Play Store.

Selbsterkenntnis ist ein wichtiger Faktor zum Glücklichsein, denn nur, wenn wir uns Dinge bewusst machen, erfahren wir etwas über uns, erkennen wir unsere wahren Bedürfnisse und können gezielt Mittel und Wege finden, diese zu befriedigen. In der App findest du 365 Fragen, die sich jeder einmal im Leben stellen sollte. Jede Frage kann ein kleines Wunder auslösen und dich daran erinnern, worum es im Leben wirklich geht. Nutze diesen täglichen Begleiter, der dir dabei helfen möchte, dich und dein Leben aus einer neuen Perspektive zu betrachten. Lasse dich im Herzen berühren, und beginne, wieder zu fühlen, anstatt nur über das Leben zu grübeln. Jeden Tag darfst du dann ganz bewusst die Hand auf dein Herz legen, die Frage lesen und die Antwort aus der Mitte deines Herzens empfangen. Natürlich kannst du die Fragen auch deinem/r Freund/in, Partner/in etc. stellen und andere dazu anregen, in ihr Herz zu gehen.

Nachwort

Ich bin voller Freude und Dankbarkeit, dass ich mit meinem Buch dazu beitragen darf, Menschen an die Weisheit und Wahrheit ihres Herzens zu erinnern. In meinen Seminaren ist es mir immer ein besonderes Anliegen, die Menschen auf dem Weg zur Entdeckung ihrer wahren Gefühle zu begleiten und sie dabei zu unterstützen, Blockaden, die sie behindern, in Liebe aufzulösen. Mögen immer mehr Menschen ihr Herz als wichtigste Instanz zur Verbindung von Körper, Geist und Seele entdecken und sich für ein bewusstes, gesundes und glückliches Leben entscheiden. Mögen die Menschen sich immer um eigenes Wachstum und die Verbundenheit zu anderen bemühen und stets die Wahrheit des Herzens und die Weisheit des inneren Heilers dafür zurate ziehen.

»Mögen wir alle
in Harmonie,
Liebe und Frieden
miteinander leben!«

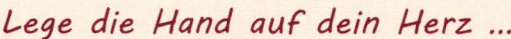

Lege die Hand auf dein Herz ...

... und lade die stärkste Kraft des Universums, die »Liebe«, jetzt zu dir ein. Sobald dein Herz sich öffnet, erkennst du dein wahres Sein. Alle Weisheit liegt bereits in dir!

Entdecke dein inneres Licht, und trage es in die Welt.

DU BIST *Liebe!*

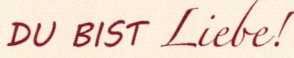

Danksagung

Mein ganz persönlicher Dank geht an Heidi und Markus Schirner. Ich bin sehr dankbar für ihre aufrichtige Liebe und ihr Vertrauen in ihre Autoren. Denn erst durch ihr Sein, ihre Arbeit und ihre Hingabe können wunderbare Bücher geboren und damit wichtige Informationen weitergegeben werden. Danke, dass ihr und euer Verlag die wunderbare Möglichkeit erschaffen, mit Büchern, CDs, Kartensets und vielem mehr ein großes Stück mehr Bewusstheit zu den Menschen zu bringen.

Ich danke meiner Familie, meinen tierischen Seelengefährten, meinen Seelengeschwistern und Freunden – und allen, mit denen ich in Liebe verbunden war, bin und sein werde.

Über die Autorin

Sandra Waldermann-Scherhak ist Heilpraktikerin für Psychotherapie, Achtsamkeitspraxislehrerin und geht den bewussten Weg der spirituellen Entwicklung. Durch eine Vielzahl von Ausbildungen und Seminaren erweiterte sie stetig ihr Wissen. Seit 2008 bietet sie in ihrer eigenen Praxis ratsuchenden Menschen psychospirituelle Lebenshilfe an. Während ihrer Praxistätigkeit konnte sie immer wieder die Erfahrung machen, dass Menschen im Laufe ihres Lebens zu stark im Denken verhaftet sind und dabei den Kontakt zu ihren Gefühlen verloren haben. Die Essenz ihrer Arbeit liegt deshalb vor allem darin, Menschen zu ihrem eigenen Herzen zu führen, denn nur durch die Integration von Denken und Fühlen kann das volle Potenzial gelebt werden. Neben Einzelsitzungen und Coachings gibt sie auch Seminare und Workshops und arbeitet erfolgreich mit Quantenheilung sowie Ho′oponopono und entwickelt dabei eigene Ansätze zur spirituellen Herzbildung.

– ALL ARE WELCOME –

Sandra Waldermann-Scherhak
Zentrum für Achtsamkeit & Herzensbildung
Holterhöfe 15, 47877 Willich
Tel.: 02159-820 5815
www.achtsamkeits.center

Informationen zum Buch & App:
www.handaufdeinherz.de

Weitere Informationen unter:
www.waldermann.com

Seminare und Workshops unter:
www.s-center.de

Bildnachweis

Alle Bilder im Buch stammen von www.fotolia.de:

Umschlag: © petarpaunchev, # 36702819; © Sweet
Lana, # 43842130; © orangeberry, # 47868562
Schmuckelemente: © herzform, # 38415048
S. 5: © Volkmar Gorke, # 907498
S. 7: © Tina Damster, # 39596944
S. 8: © Creativemarc, # 44915288
S. 11: © Creativemarc, # 44875487
S. 12, 15: © Maksim Samasiuk, # 48378165
S. 17: © Laurent Hamels, # 46520902
S. 18: © petarpaunchev, # 36702819
S. 21: © Syda Productions, # 56860951
S. 23: © Elena Ray, # 48279137
S. 25: © Nicole Effinger, # 32558688
S. 26: © contrastwerkstatt, # 31249021
S. 28: © Delphimages, # 37676988

Von der Autorin erschien ebenfalls im

Sandra Waldermann-Scherhak
Quantenheilung für dein Pferd und dich
978-3-8434-1102-8
248 Seiten

»Mit einem offenen Herzen und durch Liebe lösen sich alle Grenzen zwischen Pferden und uns auf, und eine Verbundenheit kann entstehen, die uns dann zu einer wunderbaren Einheit werden lässt.«

Dass Quantenheilung positiv auf die Gesundheit von Menschen wirkt, ist inzwischen bekannt. Aber wussten Sie schon, dass sie auch Pferden hilft? Sandra Waldermann-Scherhak zeigt Ihnen, wie Sie Ihre Wahrnehmung für die Bedürfnisse und den Gesundheitszustand von Pferden schulen. Schritt für Schritt lernen Sie, wie Sie Quantenheilung anwenden können. Viele Übungen und wertvolle Tipps ermöglichen es Ihnen, Pferden ganzheitliches Wohlbefinden zu schenken.
Entdecken Sie Ihre Heilungsenergien, und lernen Sie, diese zum Wohle des Pferdes und zur Eigenbehandlung einzusetzen.